ALFRED MAILLE

QUESTIONS

DU JOUR

Prix: 0,25

AVIGNON

SEGUIN FRÈRES, IMPRIMEURS-ÉDITEURS

13, rue Bouquerie, 13

—

1879

ALFRED MAILLE

———❧———

QUESTIONS
DU JOUR

Prix: 0,25

AVIGNON

SEGUIN FRÈRES, IMPRIMEURS-ÉDITEURS

13, rue Bouquerie, 13

—

1879

QUESTIONS

DU JOUR

———

I

La question des traités de commerce se discute en ce moment, dans la presse et au sein des Commissions parlementaires pour être définitivement résolue l'année prochaine.

Avec la protection c'est la prospérité de l'agriculture; avec le libre échange son dépérissement absolu.

Et cependant quelle apathie chez les agriculteurs et quelle indifférence chez les prétendus défenseurs des intérêts populaires !

Dans les régions qui n'ont de l'activité et du bien-être que par les produits du sol, où sont les vœux émis, en faveur de l'agriculture, par les Conseils municipaux ou par les Assemblées départementales ?

On dirait vraiment que ce qui est grave par les résultats est au-dessus de la portée des élus du jour et qu'ils ne peuvent que les déclamations creuses dont ils nous saturent si abondamment.

II

Nous ne voulons pas rendre politique une question d'une importance supérieure.

On vous a dit que la République était le meilleur gouvernement.

Soit ; faites la République, si telle est votre fantaisie.

Mais faites-là pour vous, et non contre vous.

Que les campagnes ne soient pas toujours représentées par des avocats, des médecins et quelquefois par des utopistes.

Vous agriculteurs, vous petits propriétaires, qui êtes la majorité de la Nation, vous laissez compromettre vos intérêts par la minorité qui, en les atteignant au cœur, n'a pas même l'excuse d'assurer les siens d'une manière stable.

III

Examinons d'abord ce qui a été fait pour les autres et ce qui n'a pas été fait pour vous.

Quelques capitalistes avaient créé les chemins de fer de l'Ouest, croyant, certes, à une spéculation aussi fructueuse que celles des autres lignes. Leur attente fut déçue ; or, comme ils auraient encaissé, jusqu'au dernier décime, le gain qu'ils attendaient, il n'était pas juste qu'ils supportassent la perte qu'ils n'attendaient pas. Aussi, le Gouvernement jugea-t il convenable en 1878 de racheter la ligne au prix de revient, c'est-à-dire 270 millions.

Des capitalistes, mais d'un autre genre, avaient planté des vignes, croyant eux aussi à un profit quelconque. Le phylloxera vint et anéantit leurs espérances.

Quel secours ont-ils obtenu ?

Les ouvriers tisseurs du Nord eurent, toujours en 1878,

un chômage de trois semaines. La Chambre leur vota un subside de trois cent mille francs.

Les ouvriers des campagnes, les paysans, ont chômé eux l'hiver entier.

Que leur a-t-on voté ?

A qui profite la réduction du prix sur les timbres-poste ? Est-ce aux agriculteurs qui n'écrivent pas une lettre tous les mois, ou aux commerçants qui ont une correspondance considérable tous les jours ?

Qui bénéficie du dégrèvement des deux tiers sur les effets de commerce et du dégrèvement de 28 millions sur les patentes ?

Le commerce, toujours le commerce. Et à l'agriculture que lui reste-t-il pour alléger ses souffrances si profondes ? Quelques promesses de canaux, de routes ou d'écoles.

Comme si un palliatif apporté sur un point quelconque du territoire ne laissait pas en son entier un malaise dont le principe est général.

IV

Personne, même parmi les partisans les plus convaincus du libre échange, n'en conteste les effets désastreux pour ceux qui vivent des produits des champs.

Il est hors de discussion que la France avec son sol épuisé, ses impôts écrasants, ses engrais d'un prix excessif ne peut pas lutter avec des pays où une terre neuve et d'une fertilité exagérée produit, sans fumure et avec un simple grattage, des récoltes abondantes ; où l'élevage des bestiaux a lieu, sans frais, dans des plaines immenses dont l'herbe haute et épaisse fournit un pâturage excellent.

Devant cette concurrence étrangère, nous serons forcés de livrer nos produits à des prix qui ne couvriront plus les frais de semence, d'engrais, de main-d'œuvre ou d'impôts.

Par suite, l'agriculture dépérira de plus en plus, mais les ouvriers et les habitants des grandes villes mangeront le pain et la viande quelques sous meilleur marché.

L'opinion des grandes villes, dont les électeurs sont réunis et compactes, qui ont des journaux et des comités assortis, a beaucoup plus de poids et de retentissement que celle des campagnes, dont les électeurs, quoique en plus grand nombre, n'ont ni cohésion ni unité de but.

Eh bien ! en agissant ainsi, on peut faire de la popularité, mais on ne fait pas de la bonne administration, même au profit des villes ; car, cette économie de quelques sous, est le présent le plus funeste que vous leur puissiez faire.

Une fois que vous aurez paralysé l'agriculture dans un pays qui a plus de cinq mille myriamètres carrés d'étendue, une fois que vous aurez ruiné sept millions de paysans ou de propriétaires, la majorité de la nation, qui fera travailler les ouvriers des villes, et avec quoi achètera-t-on les produits du commerce et de l'industrie ?

Est-ce que l'exportation suffira alors que, là aussi, vous vous trouverez en présence d'une concurrence étrangère redoutable ?

Quelques sous par jour dans un ménage d'ouvriers ne sont rien, quand il n'y a pas de chômage.

V

On nous dit : Cette libre entrée que vous combattez, existe depuis 1860, et l'agriculture a souvent rencontré des prix rémunérateurs.

Oui, mais quelle différence déjà avec les années précédentes pour l'agriculture, et par suite, pour le commerce et pour l'industrie ?

Qui ne se souvient de la prospérité du règne de Louis-Philippe, temps de protection, s'il en fut ?

Si les effets nuisibles des traités de 1860, n'ont pas été immédiatement trop sensibles, c'est que nous venions de traverser une période pendant laquelle les économies s'étaient accumulées en France ; pendant laquelle la richesse était devenue générale et que nous avions encore la vigne qui peut revenir et la garance qui ne reviendra plus.

D'ailleurs, le phylloxera disparût-il, que nous n'aurions pas de vignobles importants avant dix ans, terme fixé pour l'échéance des traités de commerce.

A ces causes d'atténuation des traités de 1860, il faut ajouter les guerres nombreuses qui ont eu lieu après cette époque et qui ont amené le renchérissement des denrées, mais qu'on ne peut pas faire entrer en ligne de compte pour l'avenir.

Et puis, pourquoi répondre aux doléances des agriculteurs que vous reconnaissez le bien fondé de leurs plaintes, mais que c'est un malheur auquel vous ne pouvez rien ; tandis que vous accueillez les réclamations de la marine marchande par une prime de 25 francs par tonne, pour l'aider à soutenir la concurrence étrangère ?

Pourquoi la Commission du tarif général des douanes, admet-elle en principe un droit fixe de 65 francs par 100 kilos, sur les tissus de coton fabriqués avec des fils teints ; un droit sur les piqués et le reps ; un droit de 12 pour 100 sur la valeur du lin filé ; un droit de 1.50 par tonne sur les charbons de terre, etc ? sinon pour protéger des industriels incapables de lutter sur nos marchés avec les industriels similaires de l'étranger ?

VI

Une erreur généralement accréditée et qui contribue puissamment à l'abandon dans lequel on laisse les campagnes, c'est l'espoir irréalisable que les grands travaux qui avaient donné, sous l'Empire, une si magnifique impulsion à l'industrie nationale, puissent se recommencer tôt ou tard.

Nous étions alors en pleine période de transformation : on appliquait la vapeur à l'industrie, à la marine; les grands réseaux des chemins de fer se construisaient ; les poteaux télégraphiques s'élevaient de toutes parts; tandis que les villes démolies renaissaient le lendemain plus belles, plus aérées et semées de monuments superbes.

Aujourd'hui tous ces travaux sont accomplis et on ne peut pas les détruire pour le plaisir d'occuper les ouvriers, qui sont en trop grand nombre pour ce qui reste à faire.

Il faut maintenant pour rétablir l'équilibre, faire refluer vers les campagnes, par une protection intelligente, ce trop plein de forces et de capitaux devenus sans emploi, dans les grands centres.

Alors seulement on parviendra à trancher une des plus grandes difficultés de l'heure présente.

VII

Nous avons cherché, dans cet opuscule, a éclairer les cultivateurs et les propriétaires, sur leurs véritables intérêts ; nous bornant aux raisons et aux faits indiscutables.

Ceci n'est plus de l'histoire des temps passés, de laquelle chaque historien peut tirer les conclusions les plus diamétralement opposées.

C'est de l'actualité qui commence à peine et dont les conséquences se feront sentir dix ans encore.

A vous maintenant de sortir de cette torpeur, de cette apathie qui vous livrent, sans défense, aux incapables politiques.

Que vos assemblées départementales et communales se remuent.

Qne des vœux motivés arrivent aux Commissions parlementaires. Que l'on renouvelle, pour des intérêts sérieux,
cette agitation prodiguée tant de fois pour des choses inu-
tiles.

Avignon. — Imprimerie Seguin frères. — 5579.

www.ingramcontent.com/pod-product-compliance
Lightning Source LLC
Chambersburg PA
CBHW050457210326
41520CB00019B/6248